SOMOS UM POVO EM COMUNICAÇÃO

5º ANO
ALUNO

MARIA INÊS CARNIATO

SOMOS UM POVO EM COMUNICAÇÃO

5º ANO
ALUNO

EDIÇÃO REVISTA E AMPLIADA

Dados Internacionais de Catalogação na Publicação (CIP)
(Câmara Brasileira do Livro, SP, Brasil)

Carniato, Maria Inês
Somos um povo em comunicação : 5º ano : aluno / Maria Inês Carniato ;
[ilustrações Soares]. – rev. e ampl. – São Paulo : Paulinas, 2010. – (Coleção
ensino religioso fundamental)

ISBN 978-85-356-0807-6

1. Educação religiosa (Ensino fundamental) I. Soares II. Título. III. Série.

09-13474   CDD-377.1

Índices para catálogo sistemático:
1. Ensino religioso nas escolas   377.1
2. Religião : Ensino fundamental   377.1

Direção-geral: Flávia Reginatto

Editora responsável: Luzia M. de Oliveira Sena

Assistente de edição: Andréia Schweitzer

Copidesque: Leonilda Menossi

Coordenação de revisão: Marina Mendonça

Revisão: Ruth Mitzuie Kluska

Direção de arte: Irma Cipriani

Ilustrações: Soares

Gerente de produção: Felício Calegaro Neto

Projeto gráfico: Telma Custódio

1ª edição – 2010
2ª reimpressão 2018

Nenhuma parte desta obra poderá ser reproduzida ou transmitida por qualquer forma e/ou
quaisquer meios (eletrônico ou mecânico, incluindo fotocópia e gravação) ou arquivada em
qualquer sistema ou banco de dados sem permissão escrita da Editora. Direitos reservados.

Paulinas
Rua Dona Inácia Uchoa, 62
04110-020 – São Paulo – SP (Brasil)
Tel.: (11) 2125-3500
http://www.paulinas.org.br – editora@paulinas.com.br
Telemarketing e SAC: 0800-7010081
© Pia Sociedade Filhas de São Paulo – São Paulo, 2002

Boas-vindas à comunicação da sabedoria

Olá, estudante,

Boas-vindas ao 5º ano!

Observe as pessoas da turma: estão maiores que no ano passado. Elas percebem a mesma mudança em você. Sua infância chegou à maturidade, você cresceu. Parabéns!

Você é um ser histórico. Tem conhecimento e experiência para comunicar. É capaz de conviver, ajudar, solidarizar-se e assumir compromissos. Sabe respeitar códigos e regras, confiar e trabalhar em grupo. É capaz de observar, refletir e chegar a conclusões.

Além disso, é uma pessoa repleta de talentos, capacidades e desejos, uma pessoa única, que merece ser educada no modo sábio de viver e de se comunicar. Faz parte de uma família, uma turma, uma cultura, um país, e certamente tem muito a contribuir para a diversidade e o respeito às diferenças, que fazem de nós, brasileiros, um povo em comunicação.

Na aula de Ensino Religioso deste ano, você vai descobrir a comunicação cultural que deu origem à diversidade e à sabedoria do povo brasileiro. Em cada aula há um pequeno texto para ler e comentar. Depois você irá participar do círculo de iniciação no qual trocará conhecimentos e experiências com a turma. A seguir, vem o trava-língua, que desafia a inteligência e, ao mesmo tempo, diverte. Por fim, há a trilha da sabedoria, que é uma sugestão de atividade para casa. A mensagem da semana ajuda a pensar, cantar ou conversar com as pessoas de quem você gosta a respeito do que está descobrindo nas aulas de Ensino Religioso.

Um grande abraço da autora deste livro.

UNIDADE 1

Seres históricos se comunicam

Objetivo Refletir acerca da historicidade humana decorrente do desenvolvimento da inteligência e da consciência. Observar a diversidade e a comunicação que ocorrem entre as matrizes culturais e religiosas presentes no país.

1.1. O diário de bordo

OBJETIVO

Refletir a respeito do significado da história individual e coletiva, à luz do fenômeno religioso. Trazer à memória os conhecimentos adquiridos nos anos anteriores e planejar o futuro.

A HISTÓRIA DOS NAVIOS

Moro em São Luís do Maranhão. Meu pai trabalha no porto e conhece a rotina da atividade nos grandes navios. Um dia, na escola, contei o que meu pai me havia explicado a respeito de como se registra a história nos navios: os acontecimentos de cada viagem são escritos no diário de bordo.

Dias depois, a professora convocou uma assembleia na sala, para escolher um modo de escrevermos a história da turma. Então alguém se lembrou do diário de bordo e consideramos a ideia legal.

Encapamos um caderno, escrevemos na primeira página os dados históricos de nossa turma: cidade, escola, sala, nome da professora, nomes de todos nós, ano que cursamos e a data. A cada dia um de nós registra no caderno os principais fatos da aula.

Não somos escrivães profissionais, como foi Pero Vaz de Caminha, mas desenvolvemos nossa capacidade como seres históricos, porque sabemos refletir e conversar a respeito da vida e registrar os fatos mais importantes.

CÍRCULO DE INICIAÇÃO

Você sabia que o ser histórico é capaz de lembrar e narrar a própria vida?

Em silêncio, você pode pensar nos sinais do sagrado em sua história e escrever:

- cerimônias religiosas de que já participou;
- comunidades religiosas de que já fez ou faz parte;
- algo que aprendeu com a família sobre tradição religiosa;
- onde se localiza a comunidade religiosa: templo, terreiro, centro, igreja... que você frequenta.

Se você nunca participou de uma cerimônia, ou se não pertence a nenhuma comunidade ou grupo religioso, procure descrever o que conhece pela televisão, por livros, ou pela internet.

Depois, você pode ajudar a turma a preparar um instrumento necessário para uma entrevista coletiva: câmera, gravador, microfone etc. Quando estiver tudo pronto, você será repórter ou dará entrevista a respeito do sagrado em sua história.

TRAVA-LÍNGUA

Repita rápido sem errar:

A areia arrasta a aranha
A aranha arrasta a areia.

TRILHA DA SABEDORIA

Você pode conversar com familiares e descobrir os acontecimentos mais importantes da família. Pode escrever, ilustrar com fotos e compor o livro da história familiar.

MENSAGEM DA SEMANA

CANTA, MENINADA

Canta, canta, meninada
Canta alegre esta canção
No embalo deste canto
Vai dançar meu coração!
Criançada faça a roda
Que a esperança quer dançar
Vão em frente, abrir caminhos
Nova história quer chegar! Lá, lá, lá, lá, lá...

Batam palmas pra alegria
Cantem cantigas de amor
Um sorriso pra amizade
Dancem, pisem sobre a dor! Lá, lá, lá...

Vamos chamar a justiça
Pra entrar neste cordão
Cada mesa, com certeza
Vai ter festa, vai ter pão! Lá, lá, lá...
Vamos plantar, de porta em porta
Sementes de liberdade
Pichem frases bem teimosas
Pelos muros da cidade! Lá, lá, lá...

Com as cores do arco-íris
Façam o mais lindo balão
Cada noite mais escura
Vai ser noite de São João! Lá, lá, lá...
Com os sonhos mais bonitos
Façam o mais belo presente
No domingo ao meio-dia
Mandem pra toda essa gente! Lá, lá, lá...

Canta, canta, canta, meninada
Nossa história tem que ser mudada!
Dança, dança, dança, meninada
Nossa história tem que ser mudada!
Roda, roda, roda, meninada...
Nossa história tem que ser mudada
Pula, pula, pula, meninada...
Nossa história tem que ser mudada
Grita, grita, grita, meninada...
Nossa história tem que ser mudada.

Zé Vicente. CD *Sol e Sonho*. Paulinas/COMEP, 1996.
Participação do grupo Tim do le lê.

1.2. As rochas da serra

OBJETIVO

Conscientizar a respeito da abrangência do termo "comunicação", no que se refere à história de um povo. Perceber que há milhares de anos já viviam no território do Brasil povos capazes de comunicar a experiência do sagrado.

EXCURSÃO AO PASSADO

Eu e minha turma vivemos uma aventura inesquecível, que se transformou em comunicação. A primeira aula de História do Brasil foi uma visita cultural ao sítio arqueológico de São Raimundo Nonato, próxima à região onde vivemos, no estado do Piauí.

Visitamos o Museu do Homem Americano e depois, orientados por guias competentes, visitamos as rochas repletas de desenhos e soubemos que essa era a forma de comunicação dos primeiros habitantes do Brasil, que viveram há mais de 40 mil anos. Eles gravaram na pedra fatos e experiências importantes de suas vidas.

Na aula de Ensino Religioso, voltamos a falar de nossa "excursão ao passado". A professora contou o que os pesquisadores já descobriram a respeito das figuras gravadas na rocha. Entre outras coisas, eles pensam que os desenhos tinham significado religioso para aquele povo.

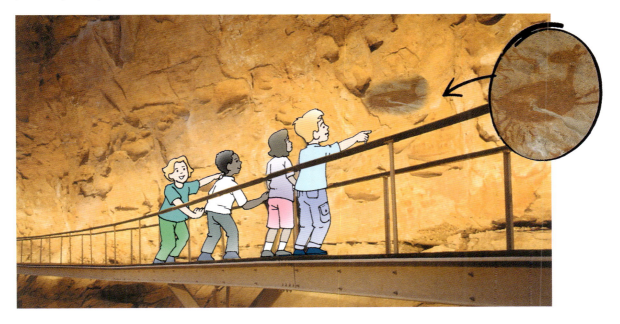

As aulas seguintes foram de pesquisa. Observamos fotos, navegamos na internet, assistimos a documentários, lemos livros e entrevistamos pessoas que nasceram na região. Por fim, fizemos, com argila, uma maquete da serra e das grutas que compõem o sítio arqueológico. Formamos um painel com fotos, reportagens de revistas e textos produzidos por nós. O título que pareceu mais adequado para o painel foi: "A comunicação do povo brasileiro começou com a experiência do sagrado".

CÍRCULO DE INICIAÇÃO

Você sabia que a história do povo brasileiro é repleta de sinais do sagrado?

Você pode realizar uma expedição de reconhecimento e observar sinais escritos, ilustrados ou pintados em todos os ambientes e espaços da escola.

Depois, com a turma, pode comparar valores e atitudes encontrados e os ensinamentos das tradições religiosas que você conhece.

TRAVA-LÍNGUA

Porco crespo toco preto

TRILHA DA SABEDORIA

Durante a semana você pode procurar sinais do sagrado e preparar uma reportagem de TV, revista, rádio, jornal ou outro meio para comunicar o que encontrou.

MENSAGEM DA SEMANA

FELIZ CIDADE

Um novo olhar, que traz um sonho novo
faz cantar meu povo, lê, lê, lê, lê, a!
No olhar de quem sabe enxergar,
em cada esquina,
no menino e na menina, o futuro do país.
Futuro novo, pleno de felicidade.
Feliz cidade, como a gente sempre quis!

No olhar de quem chega
do morro e da favela,
de quem desce da janela do andar superior
pra brilhar juntos na justiça e na igualdade
construindo esta cidade
como o nosso Deus sonhou!

Sonho de vida transformado em louvação,
festejando na união de uma nova humanidade,
humanidade onde todos são iguais:
ninguém é menor, nem mais,
como nosso Deus criou!

Bendito seja o novo olhar, o sonho novo!
Pra cidade, pra meu povo,
pra você, pra todos nós.
Bendito seja o Deus, artista da alegria
Nosso canto, noite e dia, aleluia, aleluia!

Zé Vicente. CD *Sol e sonho*.
Paulinas/COMEP, 1996.

1.3. A praça da igreja

OBJETIVO

Perceber a diversidade étnica, cultural e religiosa do povo brasileiro. Notar que o movimento migratório dentro do país favorece uma comunicação sempre maior entre culturas diferentes.

O RISO DAS MENINAS

Nas cidades do interior do Brasil, as igrejas localizam-se na praça principal, e lá todos se encontram.

Vivo em uma região de cultura alemã do Rio Grande do Sul. Um dia, fui com minha família à Igreja Luterana. Havia, na praça, uma barraquinha de doces e eu ouvi uma garota pedir: "Mãe, compre um doce de jerimum". Comecei a rir, mas meu pai apertou a minha mão, em sinal de advertência. Para minha surpresa, a menina tapou a boca para não rir, quando minha mãe me chamou: "Venha, Irmgard, o culto vai começar".

No dia seguinte levei meu irmãozinho até a praça e aí encontrei a garota "do doce de jerimum". Ela se aproximou e disse:

– Oi, desculpe por ter rido de você ontem, em frente à banca de doces. É que não conheço ninguém com nome igual ao seu.

— Tudo bem! Meu nome é Irmgard, em memória à bisavó de meu pai. Sou descendente de imigrantes alemães que vieram para o Sul do Brasil no século XIX. Mas eu também devo desculpas a você. Eu ri do nome que você usou para pedir um doce de abóbora.

— Eu vim do Ceará, no Nordeste do Brasil, e lá abóbora se chama jerimum.

— E qual é o seu nome?

— Meu nome é Cícera.

— Sua família é descendente de imigrantes como a minha?

— Não. Somos descendentes da nação indígena dos Cariris, que habitava o vale onde nasci. Nós migramos aqui para o Sul. Meus pais vieram trabalhar.

— Então, muito prazer, Cícera. Espero que sejamos boas amigas.

— Também espero, Irmgard!

O desejo já virou realidade. Ontem fui à casa de Cícera e conheci costumes legais das famílias do Nordeste. No próximo domingo, ela irá lá em casa me visitar. E o melhor de tudo é que, quando as aulas começarem, seremos colegas porque ela e eu vamos cursar o 5º ano.

CÍRCULO DE INICIAÇÃO

Você sabia que não é legal desprezar uma pessoa por diferenças culturais, modo de falar ou por qualquer outro motivo?

Em dupla com alguém da turma, você vai experimentar a sensação de quem despreza e a de quem se sente objeto de desprezo.

Depois, pode comunicar o que sentiu e sugerir atitudes que valorizem as diferenças entre as pessoas.

TRAVA-LÍNGUA

Repita rápido sem errar:

O rato roeu a roupa da rainha
O rei, de raiva, roeu o resto.

TRILHA DA SABEDORIA

Você pode entrevistar seus familiares e escolher uma destas atividades ou criar outra:

- Fazer a árvore genealógica da família, mostrando de quais etnias descende.

- Procurar no mapa-múndi o país de origem de sua família.
- Desenhar o mapa do Brasil e traçar o caminho de sua família de uma região para outra.
- Fazer um quadro demonstrativo das tradições religiosas ou Igrejas às quais seus familiares pertenceram ou pertencem agora.
- Escrever seu itinerário pessoal: cidades, bairros ou casas em que já viveu, locais sagrados que conhece ou frequenta.

MENSAGEM DA SEMANA

CRIANÇA ENCANTO

Criança alegria, faz o dia esplendor
Criança ternura, traz brandura, cura dor
Criança pureza, traz beleza para o amor
Criança encanto, todo pranto se acabou

Amor, amor, surgiu...
Deus vem nos abençoar a paz
Paz de mãos dadas
Para a vida celebrar

Criança esperança, tua dança é divina
Criança verdade, sem maldade, só fascina
Criança quer paz, dor jamais, somente amor
Criança canção, teu coração é uma flor

Irton Ribeiro. CD *Salve a paz*.
Paulinas/COMEP, 1998.

1.4. O país dos artistas

OBJETIVO

Compreender a origem sagrada de grande parte da arte e da cultura brasileira: o movimento, o ritmo, a cor, a música e a dança que compõem as manifestações folclóricas e a comunicação popular.

A QUADRA DA ESCOLA DE SAMBA

Na entrada do terreiro, dois garotos conversam:

– Edson, vamos, cara! Vai começar o ensaio dos passistas mirins! Você quer ficar de fora da escola?

– Nem pensar! Não perco por nada os ensaios na quadra, nem as rodas de histórias e lendas do Tio Brás! Você se lembra do que ele prometeu?

— Claro! Hoje ele vai contar a origem da crença nos orixás e, amanhã, vai explicar o significado dos cocares que a ala indígena da escola vai usar no carnaval deste ano.

— Meu pai disse que a escola vai homenagear as tradições religiosas indígenas e afro-brasileiras. Por isso, precisamos conhecê-las melhor.

— Então vamos descer logo o morro, antes que a roda de crianças seja tão grande, que nem possamos ouvir a voz do Tio Brás.

Quando os garotos chegaram à quadra, o velhinho perguntava às crianças:

— Conhecem a origem das festas e apresentações religiosas?

Muitas mãos se levantaram e ele deixou que todos opinassem. No fim, a garotada concluiu que a cultura brasileira é o resultado da comunicação, da diversidade de sons, movimentos e cores. Somos um país de artistas!

CÍRCULO DE INICIAÇÃO

Com o grupo, você pode desenvolver uma destas atividades ou criar outra:
- Descrever por escrito uma expressão folclórica ou religiosa do bairro ou da região.
- Encerrar o texto com uma conclusão.
- Improvisar e apresentar uma encenação do texto *A quadra da escola de samba*.
- Desenhar cenas de manifestações religiosas ou culturais conhecidas na região ou vistas nos meios de comunicação.
- Citar os valores que aparecem nas manifestações culturais ou religiosas.

TRAVA-LÍNGUA

Três pratos de trigo pra três tigres tristes.

TRILHA DA SABEDORIA

Reunir material de sucata e criar miniaturas de carros alegóricos, semelhantes aos que desfilam no carnaval. Os carros devem trazer elementos da cultura afro-brasileira.

MENSAGEM DA SEMANA

MÃE ÁFRICA

Oh!... Mãe África! Mãe negra e de coração!
Teu canto é como a chuva
Fecunda este chão
Teu canto é como o Sol
Clareia a nação

A dança, o gingado, o pandeiro
Tambor, violão
O canto, o colar, a pintura
A cor é cultura desta nação
No rosto um sorriso, um axé, um eterno louvor
O negro é ternura, é raça
É obra de arte do Pai Criador

Em roda celebram a vida
A fé, o fervor
Convocam os seus Orixás
São pais, são mães, acolhem com amor
Nas guerras resistem com sangue, com luta e suor
Vencendo correntes, canhões, sonhando com um mundo
Em que não haja dor!

Lúcia Silva. CD *Partilha*. Paulinas/COMEP, 1996.

Seres históricos se comunicam **Unidade I** | 19

UNIDADE 2

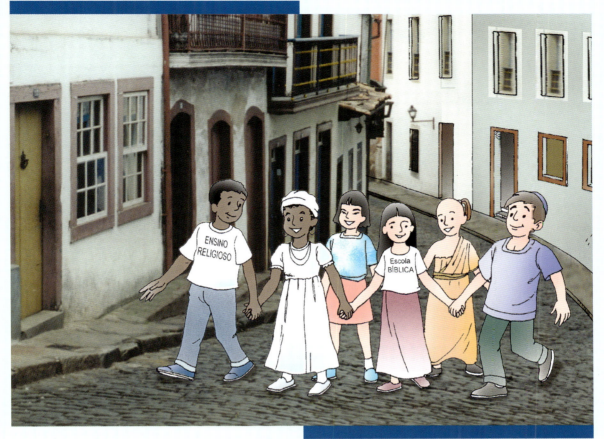

Somos um povo religioso

Objetivo Perceber a origem sagrada da cultura brasileira e sua diversidade de valores. Entre eles, o respeito, a convivência amigável e a colaboração entre diferentes.

2.1. O horizonte do mar

OBJETIVO

Compreender o valor da tradição religiosa indígena e de seus ensinamentos para a sociedade atual.

A FESTA NA ALDEIA

A aldeia Jaexaá Porã está em festa. Chegaram os avakue'i (meninos) e as kunhãngue'i (meninas) guaranis de aldeias vizinhas para o esperado dia. Após meses de ensaio, as crianças vão gravar cânticos sagrados no CD *Ñande reko arandu* [Memória viva Guarani].

Os adultos da aldeia, orgulhosos, comovidos e atentos, acompanham a montagem do equipamento feita pelos técnicos da unidade móvel do estúdio. Finalmente os instrumentos sagrados começam a marcar o ritmo e as crianças cantam:

ORERU OREMBO'E KATU

Oreru orembo'e katu
Ne'âmba Roupity'i aguâ
Oreru orembo'e katu
Ne'âmba
Roupity'i aguâ
Nhanhemboe nhanhemboe'e'i
Para rovai jajapyra aguâ
Nhanhemboe nhanhemboe'e'i
Para rovai jajapyra aguâ
Jajerojy jajerojy'i
Para rovai
Jajapyra aguâ
Jajapyra jajerojy'i
Para rovai
Jajapyra aguâ.

Tradução:
Nosso pai,
nosso pai
ensina como chegar
à sua morada
nosso pai ensina
a atravessar
para o outro lado
do oceano
reverenciamos ao pai,
reverenciamos ao pai
para atravessar
para o outro lado
do oceano.

CD *Ñande Reko Arandu*
[Memória viva Guarani].
MCD World Music, 2002.

CÍRCULO DE INICIAÇÃO

Você sabia que as tradições religiosas indígenas chamam Deus de "pai" e também de "mãe"? Sabia que os povos guaranis, que vivem no litoral do Brasil, acreditam que a terra sagrada situa-se além do mar?

Você pode pesquisar palavras em revistas ou jornais e com elas escrever, em mutirão com a turma, um texto em favor das nações indígenas e de suas tradições religiosas.

TRAVA-LÍNGUA

Larga a tia, lagartixa, lagartixa, larga a tia!

TRILHA DA SABEDORIA

Que tal fazer a maquete de uma aldeia indígena?

- Passar cola em pequenas caixas de papelão (de chá ou outras) e forrá-las com capim seco cortado, em forma de cabanas. Depois de secas fazer um recorte em cada uma representando a porta (sem janelas).
- Passar cola em uma folha grossa de isopor e forrá-la com areia. Fazer pequenas árvores, com galhinhos para o tronco e papel verde para a copa. Fincar as árvores no isopor.
- Dispor as cabanas em círculo, com uma cabana maior no centro, representando a casa de rezas e cerimônias.

MENSAGEM DA SEMANA

CANÇÃO DO ÍNDIO

Índio Terena, Guarani ou Caiuá
Ara a terra, lavra a terra

Ama a terra que Deus dá
E vem o sol o seu corpo aquecer
E vem o vento sua rede balançar

Índio Terena, Guarani ou Caiuá
E vem a chuva em seu rosto escorrer
E vem a lua o seu teto iluminar

Índio Terena, Guarani ou Caiuá
Não deixa a terra
Ser tomada por ninguém
A terra é dele e é tudo que ele tem

Índio Terena, Guarani ou Caiuá
Ara a terra, lavra a terra
Ama a terra que Deus dá

Lia Campos Ferreira. CD *Tra-la-lá*.
Paulinas/COMEP, 2001.

2.2. O caso da carta

OBJETIVO

Refletir a respeito do choque entre a tradição cristã e a cultura indígena, e suas consequências desde a colonização até agora.

O DOCUMENTO DO ENGANO

A aula de Ensino Religioso em minha escola é muito legal. Traz conhecimentos do passado e ajuda a entender a vida hoje. Na última vez, a professora leu este texto:

"Senhor, [...]

Enquanto assistíamos ao sermão, estaria na praia outra tanta gente como a de ontem, com seus arcos e setas. E olhando-nos, sentaram-se, quando nós, sentados, atendíamos à pregação. [...] Parecem gente de tal inocência, que se nós entendêssemos a sua fala e eles a nossa, seriam logo cristãos, visto que não têm nem entendem crença alguma, segundo as aparências... certamente essa gente é boa e de bela simplicidade. [...] Beijo as mãos de vossa alteza, desde Porto Seguro, da vossa ilha de Vera Cruz, hoje, sexta-feira, primeiro de maio de 1500."

Pero Vaz de Caminha

Descobrimos imediatamente a que documento pertence o texto e o que ele significa. Dialogamos durante toda a aula e compreendemos que os europeus procuraram ensinar o Catolicismo aos povos indígenas, por pensarem que eles não tivessem tradição religiosa alguma. Esse engano é demonstrado na carta.

CÍRCULO DE INICIAÇÃO

Em grupo, você pode pesquisar a respeito de ensinamentos cristãos e escolher um que ajude a fazer do mundo um lugar de vida e felicidade para todos.

Depois, pode responder a esta pergunta ou criar outra:

- O que teria acontecido aos povos indígenas se os colonizadores do Brasil tivessem observado esse ensinamento cristão?

TRAVA-LÍNGUA

Repita rápido sem errar:

Paga o pato, dorme o gato, foge o rato, paga o pato, dorme o rato, foge o pato, paga o pato, dorme o gato.

TRILHA DA SABEDORIA

Você pode entrevistar pessoas de comunidades cristãs evangélicas ou católicas e perguntar:

- O que você e sua comunidade fazem para ajudar os que necessitam superar situações difíceis e viver com mais justiça, paz e alegria?

MENSAGEM DA SEMANA

UM GRITO DE LIBERDADE

Um grito de liberdade
clama o nosso país
o sonho de uma alvorada
onde se viva feliz!

Nasce no mato um pau d'arco
voz de um desabafo
clama nosso chão
uma andorinha perdida
canta a beleza da vida
quero que viva a nação!

Deixe o sereno cair
o mal não mais existir
defenda a criação!
Dela é que vem o peixe
a planta, o legume
a fruta, o pão.

Veja a grande riqueza
ela será transformada
é obra da criação
formiga virar mariposa
lagarta virar borboleta
folhas se transformarão!

Índio criar sua flecha
flauta é feita do mato
na festa todos dançarão
cobra não mais venenosa
da tribo a voz:
índio, vida e chão!

Lê, lêlê, lêlê, lêlê, lê lêlê!

Lúcia Silva. CD *Partilha*. Paulinas/COMEP, 1996.

2.3. A história perdida

> **OBJETIVO**
>
> Conhecer a origem das tradições religiosas afro-brasileiras e refletir a respeito da contribuição que trazem à cultura atual.

DESCENDENTES DE REIS E RAINHAS

Aqui em Rondônia vivem famílias que vieram de outros estados do Brasil. Em nossa escola, na aula de Ensino Religioso, procuramos conhecer a história do povo, porque assim compreendemos a origem de nossas tradições religiosas. Descobrimos que a história do Brasil esclarece o início da cultura e dos costumes religiosos do país inteiro.

No trabalho de pesquisa, vimos que os povos indígenas foram escravizados, e assim desapareceram aldeias inteiras. Foi preciso encontrar mais gente para escravizar e os traficantes de escravos trouxeram da África pessoas lá capturadas. Alguns homens e mulheres africanos que chegaram aqui eram reis e rainhas, sacerdotes ou sacerdotisas, professores, chefes, mas foram maltratados e desprezados, e a história de cada um deles se perdeu no silêncio.

Além de pessoas nobres, também cidadãos humildes foram arrancados de suas famílias e aldeias e trazidos para a escravidão. Mas a maioria, em meio ao sofrimento, ensinou aos filhos as tradições e a sabedoria da África e, atualmente, os descendentes procuram reavivar os valores sagrados por eles comunicados.

A turma sentiu-se comovida ao conhecer essa história. Não sabíamos quase nada a respeito das origens do povo negro no Brasil. Agora passamos a admirá-lo muito mais.

CÍRCULO DE INICIAÇÃO

Você sabia que o local sagrado das tradições religiosas afro-brasileiras chama-se "terreiro"? Sabia que o terreiro pode ser um lugar de comunicação e de agradáveis surpresas?

Em grupo, você pode imaginar e desenhar cenas que acontecem em um terreiro. Depois, observar desenhos de outras grupos e identificar valores, atitudes e ensinamentos sagrados presentes em um terreiro.

TRAVA-LÍNGUA

A lontra prendeu a tromba
do monstro de pedra e a prenda
de prata de Pedro, o pedreiro.

TRILHA DA SABEDORIA

Que tal convidar pessoas de ascendência africana a virem conversar com a turma?

MENSAGEM DA SEMANA

A cultura popular brasileira reflete, muitas vezes, tradições de origem africana misturadas à tradição religiosa católica. As canções que se seguem foram recolhidas na cidade de Goiás (GO). Fazem parte da congada, uma espécie de dança teatral que representa o encontro entre reis de Angola e do Congo. Normalmente, as letras das músicas das congadas louvam personagens do Catolicismo, como São Benedito e Nossa Senhora do Rosário.

Observe a linguagem dos cânticos. É diferente da língua escrita.

DEUS TE SALVE A CASA SANTA

Moça goiana
chega na janela
venha ver os congos
que êvai pra guerra.

Se eles for pra guerra
Eles vai guerreá
se eles não morrê
tornará vortá.

Deus te salve a casa santa
aonde Deus fez a morada
aonde mora o cálix bento
e a hóstia consagrada.

Folclore de Goiás (GO), recolhido por Ely Camargo.
CD *Cantigas do povo, água da fonte.*
Paulinas/COMEP, 1999.

2.4. O diálogo ao entardecer

OBJETIVO

Compreender as tradições religiosas orientais e seus valores de harmonia, paz, compaixão, convivência serena e comunicação com o sagrado.

O DESPERTAR DA HARMONIA

É fim de tarde de verão. Os vidros coloridos da floricultura filtram a luz do sol, que dá às rosas brancas a aparência de pequenas nuvens iluminadas por um arco-íris.

Tomie, a anciã imigrante, concentrada e serena, prepara uma maravilhosa *ikebana*, que a bisneta contempla fascinada ao perguntar:

— Vovó, você sempre trabalhou com flores?

— Sim, desde menina aprendi a criar, com flores, a harmonia e a beleza que despertam bons sentimentos.

— Por isso você fica horas em silêncio, contemplando as flores!

— Contemplo as cores e formatos e penso no Xintoísmo, a tradição religiosa do Japão, que ensina a conviver e a respeitar todos os seres da natureza e todas as pessoas.

– Se fosse assim, o mundo seria um jardim, não é, vó?

– Sim! Um jardim formado pela diversidade, no qual cada pessoa, família, tradição religiosa ou cultura seria admirada em sua diferença e beleza, assim como são as flores.

O diálogo foi interrompido pela chegada de um jovem que pediu uma *ikebana* para o aniversário da mãe. Antes de escolher, porém, ele ficou por um instante em silêncio, impressionado pela paz que sentiu naquela floricultura tão bela e aconchegante.

CÍRCULO DE INICIAÇÃO

Você sabia que o silêncio, a arte, as cores nos ajudam a encontrar paz e harmonia?

Após um tempo de concentração, você pode montar uma pequena *ikebana* para uma pessoa especial.

TRAVA-LÍNGUA

Repita rápido sem errar:

Enquanto ela calça a bota
ele bota a calça
enquanto ele calça a calça
ela bota a bota.
Enquanto ela bota a calça
ele calça a bota.

TRILHA DA SABEDORIA

Você pode observar um jardim, uma floricultura, uma foto ou gravura de uma *ikebana* e escrever um texto que compare as diferenças das flores e a diversidade dos sinais do sagrado na cultura brasileira.

32 | **Somos um povo em comunicação** Livro do aluno

MENSAGEM DA SEMANA

O ESSENCIAL É INVISÍVEL

O essencial é invisível aos olhos
só se vê bem com o coração
há beleza, há bondade
que jamais se expressou em canção
ela vai muito além da aparência
e a percebem os olhos do amor
não se fala, não se canta
mas dá à vida sentido e valor.

Todos temos riquezas escondidas
que é preciso saber descobrir
cada gesto e palavra
são mensagens a quem quer ouvir
só no dia em que olharmos o outro
como Deus desde sempre o quis
com ternura e amizade
nosso mundo será mais feliz.

Míria Kölling. CD *Canções para orar 5*.
Paulinas/COMEP, 1998

UNIDADE 3

Comunicamos nossas crenças e valores

Objetivo Refletir acerca das contribuições que as tradições religiosas proporcionam ao povo brasileiro, na convivência com a diversidade e no respeito aos direitos de todos.

3.1. O santuário da floresta

OBJETIVO

Conhecer um dos principais ensinamentos sagrados das tradições indígenas: a reverência e a convivência pacífica com todos os seres da natureza.

A LIÇÃO DA ESCOLA INDÍGENA

O fato mais legal deste bimestre em minha escola foi a visita a uma aldeia indígena que fica perto de nossa cidade, aqui no Mato Grosso.

Quando chegamos, as crianças cantaram boas-vindas na língua da tribo e explicaram seus costumes e suas crenças.

Na hora do lanche, nossa turma foi convidada a entrar na floresta e comer frutas colhidas da árvore. Logo tentamos encher os bolsos e as mochilas, mas as crianças indígenas assustaram-se com nossa atitude. Explicaram então que Deus alimenta todos os seres vivos por meio da natureza. Não podemos colher mais do que a quantidade necessária, porque faltaria alimento para os animais.

Depois fomos ao rio e soubemos que os indígenas não pescam além do que precisam para o dia. A tradição religiosa indígena ensina que o rio, a terra, as plantas, a luz do sol e os animais não são propriedades de ninguém.

Quando nos despedimos dos novos amigos, havíamos entendido por que a mata das reservas indígenas é tão bem preservada. A floresta é como um grande santuário, onde tudo é sagrado. A natureza merece respeito e veneração, pois é por meio dela que o Criador protege a vida de todos os seres.

Agora vamos pensar: o que podemos explicar de nossa cultura para as crianças indígenas, quando elas vierem visitar a nossa escola?

CÍRCULO DE INICIAÇÃO

Você pode participar do "grupo do verbo". Ao receber um verbo, pode completar com ele a frase que estará no quadro. Quando os grupos estiverem prontos, podem criar um painel, com sugestões para que as culturas indígenas sejam respeitadas em nosso país.

TRAVA-LÍNGUA

Chuchu roxo em tacho sujo.

TRILHA DA SABEDORIA

Você pode escolher uma ou duas das sugestões abaixo e pesquisar ou entrevistar pessoas:

- o valor das ervas de chá;
- o valor nutritivo das frutas e dos legumes;
- o efeito da água ou da falta dela na natureza;
- o efeito da luz do sol ou da falta dela na natureza;
- o equilíbrio criado pela presença de espécie animais, de insetos etc.

Depois é só escrever textos e ilustrar as pesquisas com colagens ou desenhos. Pode, então, montar um álbum com o tema e criar para ele um título bem legal.

MENSAGEM DA SEMANA

A FLOR VITÓRIA-RÉGIA

Nas águas calmas ali está
a vitória-régia a repousar
a linda flor, sempre a boiar
já virou lenda, eu vou contar

Lá na tribo Apinagés
nasceu Naiá
indiazinha muito linda
que gostava de cantar

vivia na mata
a sonhar com o luar
querendo que Jaci
a levasse para lá

Pra se encantar
numa linda estrelinha
e pertinho de Jaci
lá no céu ela morar

mas o tempo foi passando
e Naiá cresceu
cresceu pensando
em se encantar

Até que um dia, pertinho dela
nas águas calmas, Jaci brilhou
ao ver a lua quis abraçá-la
e mergulhando jamais voltou

Nas águas do rio desapareceu
e uma vitória-régia ali nasceu
foi Jaci, com muito amor
que em vitória-régia a transformou.

João Collares. CD *Calendário escolar musicado – Datas comemorativas 3*.
Paulinas/ COMEP, 2002.

38 | Somos um povo em comunicação Livro do aluno

3.2. O aroma de pão quente

OBJETIVO

Refletir acerca do ensinamento da tradição cristã, que incentiva a ação cidadã na construção da sociedade solidária.

O EXEMPLO DO LIVRO SAGRADO

Durante a feira de ciências fizemos o "cantinho do sagrado". Trouxemos fotografias de cerimônias, de atividades e de festas, símbolos e livros religiosos de nossos familiares. Foi legal descobrir que as tradições religiosas possuem diferenças e também várias semelhanças.

Uma das fotos que mais interessou aos visitantes do "cantinho" foi a atividade das mães em uma comunidade cristã. Elas se reúnem para fazer pão. Quem pode traz os ingredientes, e quem está sem emprego e não pode trazer nada ajuda no trabalho. No fim, todas levam pães para casa. Quando aquele aroma conhecido se espalha pelo bairro, as pessoas vêm comprar o pão quentinho.

Alguém quis saber como começou a ser usado o forno comunitário na comunidade cristã e o menino que trouxe a foto contou: "Um dia minha mãe e outras pessoas reuniram-se para orar e o pastor da igreja explicou a passagem do Novo Testamento que fala das primeiras comunidades cristãs e diz: 'Todos repartiam o pão e não havia necessitados entre eles' (cf. At 2,46). Elas, então, viram que podiam aliviar o sofrimento das famílias necessitadas, repartindo o pão. E assim fizeram".

CÍRCULO DE INICIAÇÃO

Com a turma, você pode criar o baralho de ensinamentos sagrados. Depois, em trios, pode fazer um resumo, criar uma cena atual e representá-la com uma dramatização.

TRAVA-LÍNGUA

Troca o trinco e traz o troco
Troca o troco e traz o trinco.

TRILHA DA SABEDORIA

Você pode imaginar que é um repórter e visitar uma obra social mantida por uma comunidade cristã protestante, evangélica ou católica para fazer uma reportagem a respeito dos valores encontrados.

MENSAGEM DA SEMANA

EU SIGO O AMOR

Pela estrada eu vou, não posso parar
vou levando o amor, não posso parar
canto uma canção, não posso parar
pois eu sigo o amor, não posso parar

Não posso parar, não posso parar
pois eu sigo o amor e o amor é caminhar

Vou além do mar, não posso parar
passo vales, vou, não posso parar
subo tantos montes, não posso parar
pois eu sigo o amor, não posso parar

Vou pelo deserto, não posso parar
pelo campo vou, não posso parar
cortando as estradas, não posso parar
pois eu sigo o amor, não posso parar

Vou fazendo versos, não posso parar
aprendendo vou, não posso parar
ensinar eu tenho, não posso parar
pois eu sigo o amor, não posso parar

Vou muito feliz, não posso parar
alegrando vou, não posso parar
e de novo eu canto, não posso parar
pois eu sigo o amor, não posso parar.

Zé Martins. CD *Seguindo*.
Paulinas/COMEP, 1999.

3.3. A bênção de cada dia

OBJETIVO

Compreender o valor e a atualidade dos ensinamentos das tradições religiosas afro-brasileiras para a construção da sociedade na qual todos sejam valorizados.

O AXÉ DE OLORUM

Cheguei ao bairro com minha família no segundo mês de aula. Entrei na turma do 5º ano e nos primeiros dias o entrosamento foi difícil. Eu tinha saudades da outra escola e não conhecia ninguém por aqui. Mas agora vejo o quanto foi bom e estou superfeliz.

No começo eu achava estranho as pessoas dizerem "axé", em vez de "bom-dia" e de "tchau". Então me explicaram que "axé" significa a bênção de Olorum. Este é o nome do Criador em muitas tradições religiosas afro-brasileiras.

Minha vida mudou nessa escola, porque a saudação axé é sempre acompanhada de sinais de amizade: um sorriso, um tapinha no ombro, um convite, um segredo no ouvido, um trabalho em grupo feito com cuidado.

Agora eu também digo axé, não só na escola, mas em casa, e a quem encontro na rua. Entendi que a bênção de Olorum está em nós e podemos comunicá-la.

CÍRCULO DE INICIAÇÃO

Com a turma, você pode compartilhar e saborear alimentos simbólicos das tradições religiosas afro-brasileiras (pipoca, bolo de fubá ou outros). Depois, pode comunicar os sentimentos que a novidade lhe despertou e encontrar semelhanças entre esse sentimento e a bênção de Olorum.

TRAVA-LÍNGUA

Olha o sapo dentro do saco
Olha o saco com o sapo dentro

TRILHA DA SABEDORIA

Se você frequenta um local sagrado afro-brasileiro, pode trazer para a sala algum símbolo lá usado e explicá-lo à turma. Se não frequenta, escute com atenção e respeito o que os colegas irão apresentar.

MENSAGEM DA SEMANA

DEUS NOS ABENÇOE

Deus nos abençoe, Deus nos dê a paz!
A paz que só o amor é que nos traz!

A paz na nossa vida, no nosso coração
e a bênção para toda a criação!

A paz na nossa casa, nas ruas, no país
e a bênção da justiça que Deus quis!

A paz pra quem viaja, a paz pra quem ficou
e a bênção do conforto a quem chorou!

A paz entre as Igrejas e nas religiões
e a bênção da irmandade entre as nações!

A paz pra toda a terra e a terra ao lavrador
e a bênção da fartura e do louvor!

Zé Vicente. CD *Nas horas de Deus, amém!* Paulinas/COMEP, 1998.

3.4. O segredo de um dia de chuva

OBJETIVO

Refletir acerca da crença no Criador, como principal ponto de convergência das tradições religiosas.

O SOL NASCE PARA TODOS

É época de chuvas aqui no Recife.

Durante a aula de Língua Portuguesa a professora propôs uma espécie de jogo superlegal: um grupo selecionava um provérbio da cultura brasileira e outro questionava o seu significado. Meu grupo escolheu: "O Sol nasce para todos". Um outro grupo perguntou, com bom humor: "E quando chove?".

À tarde fui até a loja de meu amigo Abdul. Ele é árabe e tem mais de 70 anos de idade. Conta histórias islâmicas e já foi à minha sala de aula conversar a respeito da comunidade muçulmana que vive no Brasil. Naquela tarde, contei a ele a nossa brincadeira da manhã, com as palavras "Sol" e "chuva". Ele então me deu uma aula de sabedoria. Começou perguntando:

— Como você poderia comparar as duas frases e a crença em Deus?

— Sei que muitas tradições religiosas consideram o Sol um símbolo de Deus.

— E você acredita que, quando chove, o Sol está ausente do firmamento?

— Não, está apenas encoberto por nuvens.

— Então, a que você compararia um dia de chuva?

— Talvez ao fato de não vermos Deus, mas isso não é a prova de que não exista.

— Exatamente! Por isso tantas tradições religiosas veem no Sol um símbolo de Deus.

Agora, quando chove, lembro que a chuva esconde o Sol como um segredo, para além das nuvens, e fico pensando na sabedoria de Abdul, meu amigo muçulmano.

CÍRCULO DE INICIAÇÃO

No grupo você pode dialogar:

- O que significa "O Sol nasce para todos"?

Depois pode fazer um desenho, representando a conclusão do grupo.

TRAVA-LÍNGUA

Repita rápido sem errar:

Um grego é gago
Um grogue é grego
Outro é gagá.

TRILHA DA SABEDORIA

Pesquisar provérbios populares e descobrir interpretações religiosas para eles.

MENSAGEM DA SEMANA

NOVO DIA

Não sei quantos momentos de paz
quantos pedaços de Sol
o novo dia me traz
não sei quantos momentos de luz
quantos pedaços de sombra
o novo dia produz.

Mas sei que meu Sol é fiel
e está sempre inteiro no céu
por isso, não temo o caminho
pois não vou sozinho

Em meu caminhar
o Sol, mesmo quando encoberto
está sempre por perto
querendo brilhar.

Não sei quantos momentos de amar
quantos encontros de ver
o novo dia trará
não sei quanta lembrança de ser
quanta saudade de ter
o novo dia terá.

Porém, teu amor não tem fim
e está sempre inteiro pra mim
por isso, não temo o caminho
pois não vou sozinho
em meu caminhar
e, mesmo que estejas ausente
te sinto presente
querendo ajudar.

José Acácio Santana. CD *Presença*.
Paulinas/COMEP, 1997.

UNIDADE 4

Construímos nossa história

Objetivo Perceber, por meio de costumes, crenças e ritos religiosos, que o povo brasileiro vê um significado sagrado na vida cotidiana.

4.1. O Brasil em uma sala

OBJETIVO

Conhecer os sinais da diversidade religiosa que existem na região e compreender a formação da cultura brasileira.

A JANELA MÁGICA

Minha escola localiza-se em uma cidade grande. Quase não conheço manifestações folclóricas ao vivo.

Durante a última aula de Ensino Religioso, assistimos a um filme de festas populares de várias regiões do Brasil. Depois, comunicamos nossas impressões a respeito do filme. No diálogo, compreendemos que o folclore comunica crenças e valores sagrados. O movimento, a música, o ritmo, as cores e as palavras despertam sentimentos.

Concluímos o diálogo com a certeza de que o país é rico em manifestações culturais e religiosas, porque nossa cultura recebeu contribuições de muitos povos e tradições religiosas que continuam vivas até hoje. A aula acabou como se todo o povo brasileiro estivesse reunido conosco. Desde aquele dia passamos a chamar a sala de projeção da escola de "janela mágica". Através dela, vemos um Brasil diferente, mais bonito, alegre e sagrado.

48 | **Somos um povo em comunicação** Livro do aluno

CÍRCULO DE INICIAÇÃO

Você pode conversar com a turma ou pesquisar em grupo a respeito de manifestações da cultura popular. Após escolher uma delas, pode procurar identificar sinais da tradição religiosa indígena, afro-brasileira, cristã ou outra. Depois, pode observar se a manifestação escolhida traz valores e atitudes que você quer assumir em sua vida.

TRAVA-LÍNGUA

Repita rápido sem errar:

Um dedo, um dado, um dia
Um dia, um dado, um dedo
Um dedo, um dia, um dado
Um dado, um dedo, um dia
Um dia, um dedo, um dado
Um dado, um dia, um dedo

TRILHA DA SABEDORIA

Você pode escolher uma destas atividades:

- Conversar com pessoas idosas e pedir que contem o que aprenderam na infância: crenças, histórias, lendas, festas, casos e cantigas sagradas.

- Procurar músicas de cerimônias religiosas populares (reisado, terno de zabumba, pastoril, boi).
- Pesquisar e escolher uma lenda para reescrever e recontar.

MENSAGEM DA SEMANA

O reisado é um dos autos populares da época do Natal. Celebrado nas mais diversas regiões do Brasil, representa a visita dos Reis Magos ao Menino Jesus. Na celebração, os participantes cantam, dançam e visitam as casas da comunidade, fazendo reverências e cumprimentando os moradores. Para o dono da casa visitada, é uma grande honra e uma bênção receber os membros do reisado com muita hospitalidade e mesa farta.

Observe a linguagem diferente, própria da cultura popular.

REISADO DE ALAGOAS

O sinhô dono da casa
hora de sê festejado
o sol entra pela porta
e o luar pelo telhado

Aqui estou na vossa porta
com a mão na fechadura
onde estás que não me falas
coração de pedra dura?

O sinhô dono da casa
olho da cana caiana
quanto mais a cana cresce
mais aumenta a sua fama

Que três *reises* são aqueles
que vêm da parte do mar?
São os três Reis do Oriente
que a Jesus vão festejar.

Tema folclórico recolhido em Maceió (AL), por Ely Camargo.
CD *Cantigas do povo, água da fonte*. Paulinas/COMEP, 1999.

4.2. A procura do irmão

OBJETIVO

Observar que na tradição oral do povo, mesmo que mude quase completamente a forma de um relato religioso, ele não perde sua mensagem essencial.

À SOMBRA DA MANGUEIRA

Vovô Devino tem quase 90 anos de idade. Ele sempre viveu junto à natureza e cultivou a terra. Eu e meus primos e primas somos seus tataranetos. Vivemos no interior do estado de Tocantins.

Quando nos reunimos na casa do vovô Devino, as rodas de conversa à sombra da mangueira nos fazem viajar com a imaginação para tempos e lugares geniais. Ele conta histórias que aprendeu na infância. No último encontro, contou a tragédia de dois irmãos.

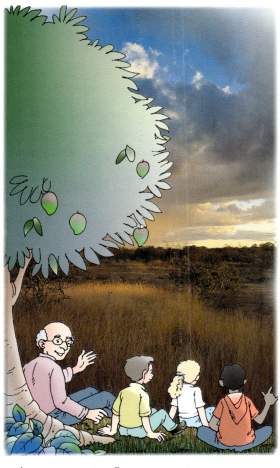

CAINCA E ABELA

Antigamente, quando tudo era paz e sossego, havia dois irmãos moços: um bom, chamado Abela, e um mau, chamado Cainca. Os dois gostavam da mesma moça.

Um dia, Abela foi cavar com uma estaca, para fazer um roçado na beira de um *corguinho*,[1] bem onde Cainca tinha o roçado dele. Cainca quis se livrar de Abela, para ficar com a moça. Ele viu que não havia ninguém por perto. Pegou a estaca e estatelou o irmão ali mesmo. Mas quem estava por trás de tudo era o Caipora.

Quando Deus soube do crime, perguntou a Cainca: "Onde está teu irmão?". "Não sei", disse ele. "Talvez um bicho do mato o comeu". E Deus respondeu: "Por matares teu irmão, serás errante na terra".

---
[1] Pequeno córrego, riacho, no dizer popular.

CÍRCULO DE INICIAÇÃO

Você sabia que a história contada por vovô Devino é originada de um relato da Bíblia, o livro sagrado das tradições religiosas judaica e cristã? Sabia que a comunicação oral pode mudar os detalhes de uma história, mas não muda a ideia principal?

Você pode comparar as histórias de Cainca e Abela e o relato bíblico de Caim e Abel e ver o que elas têm de semelhante.

TRAVA-LÍNGUA

Lalá, Lelé e Lili e suas netas Lalalá, Lelelé e Lalili
E suas bisnetas Lilelá, Lalilé e Lelali
E suas tataranetas Laleli, Lilalé e Lelilá
Cantavam juntas Lalalalalalalá!

TRILHA DA SABEDORIA

Você pode convidar uma pessoa idosa para que venha à sala de aula contar histórias sagradas.

MENSAGEM DA SEMANA

CADÊNCIA

Pega uma canção que tem cadência
e na cadência desse canto
olha pro céu e canta um canto
Eee... Eeeia...

Pega a mão de quem está do teu lado
pega a mão de algum irmão
segura aquela mão amiga
Eee...Eeeia...

Pega aquela mão que tá na tua, eleva a tua
vai levando aquela mão na direção do céu.

Canta um canto novo de louvor
canta as maravilhas do Senhor.
Balança as mãos, sacode o ombro
ensaia um passo e nos alegremos no Senhor!

Pe. Zezinho. CD *Canções que a vida escreveu.* Paulinas/COMEP, 1997.

4.3. A festa das surpresas

OBJETIVO

Refletir a respeito das possibilidades que a escola tem de praticar ações cidadãs, em benefício de toda a sociedade ou com objetivo específico em relação à vida dos estudantes.

COMUNIDADES CIDADÃS

No ano passado, fizemos a assembleia da comunidade educativa: alunos, professores, outras pessoas que nos ajudam com seu trabalho na escola e nossos familiares. Foram várias as resoluções, mas uma delas nos motivou de verdade. A todos os que participam de uma comunidade religiosa pedimos que juntassem material reciclável e mandassem para a escola, e as comunidades entraram na roda da cidadania.

Um dos corredores da escola recebeu tonéis artisticamente decorados pelas turmas e lá se depositou tudo o que foi sendo trazido. Após um ano de venda do material reciclável foi possível comprar um aparelho projetor de filmes. Agora temos nossa sala multimídia que serve para todas as turmas.

Inauguramos a sala, e as comunidades de todas as tradições religiosas foram convidadas. Foi uma agradável surpresa, porque o resultado do trabalho comunitário mostrou que não há motivo para cultivar rivalidades e afastamentos.

A maior surpresa, porém, foi ver pessoas que não se cumprimentavam, por serem de igrejas diferentes, apertarem a mão umas das outras com orgulho e satisfação por terem participado do projeto. Ninguém mais impede a comunicação e a amizade em nossa escola e em nossas igrejas ou tradições religiosas. E os tonéis do corredor continuam sendo abastecidos e esvaziados continuamente.

CÍRCULO DE INICIAÇÃO

Em grupo, você pode elaborar sugestões de cidadania na escola.

Após os grupos terem apresentado as sugestões, você pode ajudar a escolher uma delas para ser desenvolvida pela turma.

TRAVA-LÍNGUA

Em um ninho de mafagafos
cinco mafagafinhos há.
Quem os desmafagafizar
bom desmafagafizador será.

TRILHA DA SABEDORIA

Providenciar o necessário para que se realize a ação cidadã que foi combinada.

MENSAGEM DA SEMANA

A LUZ DO MUNDO NOVO

Olha, que luz é aquela
que nasce lá dentro
dessa escuridão
é o mundo novo e bonito
que fazem as crianças
organização

Quando as crianças se juntam
sentem o sofrimento
do pão que não têm
ou da escola ou da terra
doença e de tudo
que traz a opressão

E os grupinhos estudam
combinam o que podem
dão opinião
até encontrar o caminho
escolhido por todos
tomar decisão

Brincam, conversam
estudam
uma nova maneira
de se melhorar
tudo o que fazem é bonito
enfrentam as lutas
sem desanimar

Olham a vida de frente
querendo que a gente
faça a união
criam um mundo alegre
de fé e carinho
e participação.

Afonso Horácio Leite e Coletivo MAC.
CD *Sonho de menino*.
Paulinas/COMEP, 2002.

4.4. Uma mesa no terreiro

> **OBJETIVO**
>
> Celebrar o sonho de um país onde a comunicação na diversidade seja motivo de respeito e aceitação mútua entre as diferentes culturas e tradições religiosas.

O PAÍS DE NOSSOS SONHOS

A última aula de Ensino Religioso do ano será um verdadeiro festival de arte e cidadania. Somos uma turma grande, organizada em grupos, e estamos preparando surpresas para a despedida.

Meu grupo imaginou um sonho comunitário. Vamos encenar, de forma simbólica, o país novo com que sonhamos. Um Brasil só de caminhos, estradas que se aproximam, conduzem a um só lugar. Cada estrada sai de uma porta, as portas do templo, da igreja e do terreiro, da catedral, da mesquita e da casa de reza, do centro, da capela e da sinagoga. Todas as estradas terminam em um imenso terreiro rodeado de árvores, com frutos maduros, e repleto de animais domésticos e flores.

Em nosso sonho é madrugada. Os pássaros saúdam o dia em festa. Assim que o Sol começa a iluminar edifícios e casas, vilas e morros, campos e florestas, ouvem-se cânticos ao longe, vindos de todas as portas sagradas que foram abertas. Milhões de pessoas de todas as idades, estaturas, etnias e aparências vêm lado a lado, cantando com os passarinhos.

No centro do terreiro foi preparada uma mesa cheia de pães e bolos de trigo, de milho, de arroz e de mandioca, repartidos em 200 milhões de fatias iguais. Ao meio-dia, quando o sol faz tudo ficar dourado com sua luz, chegam caravanas de todas as regiões. Entoam saudações, hinos e cantilenas sagradas em muitas línguas diferentes. Recebem e entregam fatias de bolo e pão, que passam por todas as mãos abertas, e à luz do sol parecem pepitas de ouro. Ou melhor, parecem estrelas em todas as mãos, porque um país assim está muito perto do céu.

Esse é o texto que escrevemos sobre o nosso sonho. Agora falta imaginar a apresentação. Você tem alguma ideia?

56 | **Somos um povo em comunicação** Livro do aluno

CÍRCULO DE INICIAÇÃO

Você pode ler o texto *O país de nossos sonhos* e dar sua opinião a respeito dos símbolos que nele aparecem. Depois, pode folhear revistas e selecionar cenas e palavras significativas e colar no mapa do Brasil. Depois é só escolher um título para o trabalho coletivo da turma.

TRILHA DA SABEDORIA

Com a turma, você pode organizar e preparar uma apresentação-surpresa para o encerramento das aulas. Que tal encenar *O país de nossos sonhos*?

Construímos nossa história **Unidade 4** | 57

MENSAGEM DA SEMANA

GRANDE MESA

Nosso Deus preparou uma mesa
pra todo o povo se alimentar
quem está faminto, oprimido, temeroso
proclama clamoroso: quer participar!

O plano do Deus da vida:
fartura, comida, a fome não tem lugar
o pão na mesa do povo
banquete pra todos, você tem lugar!

Nosso Deus preparou uma grande mesa
pra todo o povo se alimentar
quem está querendo construir um mundo novo
aprenda com este povo a compartilhar

Nosso Deus preparou uma grande mesa
pra todo o povo se alimentar
quem diz que ama muito a Deus e é respeitoso
só não é mentiroso se aos irmãos amar.

João Carlos. CD *Grãos de areia*.
Paulinas/COMEP, 1998.

Glossário

Abençoar/bênção – invocar proteção e favor de Deus sobre alguém. Ação de Deus que protege e concede seu favor. As tradições religiosas têm modos próprios para invocar a bênção em diversas circunstâncias. Nas tradições religiosas antigas, era costume apresentar vítimas e oferendas aos deuses, em troca da bênção para os campos, as colheitas, os animais ou a fertilidade dos casais.

Antepassados – pessoas já falecidas que são veneradas pelas famílias. Os descendentes acreditam que os espíritos dos antepassados, que vivem no mundo transcendente, podem protegê-los, ajudá-los e guiá-los.

Budismo – doutrina e prática da tradição religiosa fundada no século VI a.C. por Siddhartha Gautama, um príncipe indiano que, ao chegar ao estado de iluminação e compreensão da vida humana e do transcendente, passou a ser chamado de Buda, que significa "iluminado".

Corão – livro sagrado da tradição religiosa muçulmana. Revela o desígnio de Alá (Deus) para os crentes islâmicos. Foi escrito no século XVII d.C., ditado aos escribas por Maomé, fundador do Islamismo e seu maior profeta.

Crenças – ensinamentos, ideias, doutrinas que são objeto de confiança, esperança ou certeza. São o resultado de experiências elaboradas em forma de ideias ou convicção que, transmitidas de uma geração a outra, mantêm vivas as tradições religiosas.

Criação – termo que se refere à existência do universo e da matéria, pressupondo a visão religiosa de que tudo o que existe foi criado por um ser criador.

Cristianismo – doutrina e prática das Igrejas Cristãs, e originadas da vida, pregação, morte e ressurreição de Jesus Cristo, conforme as narrativas do Segundo ou Novo Testamento, a segunda parte da Bíblia.

Dignidade – palavra normalmente usada quando a pessoa possui um cargo ou título. Mas todo ser humano tem dignidade e merece respeito, pelo simples fato de existir.

Escritos/livros sagrados – rolos, livros, inscrições em pedras, em templos etc., que contêm doutrina, sabedoria e ética das tradições religiosas escritas. Alguns foram escritos pelos fundadores das respectivas tradições; outros, de origem remota, são de autoria desconhecida.

Espíritos – algumas tradições religiosas do passado e de hoje creem nos espíritos dos antepassados, que continuam vivos e podem comunicar-se com os descendentes por meio de sonhos; outras creem também nos espíritos totêmicos, isto é, em determinados animais, vegetais ou objetos que protegem a tribo ou indivíduo. As tradições religiosas indígenas do Brasil creem em espíritos dos elementos da natureza.

Eternidade – ausência dos limites de tempo, espaço, começo e fim; realidade que transcende a história. Na visão religiosa é o mundo transcendente, a dimensão onde se encontram Deus e os seres humanos falecidos.

Ética – valores e princípios que regem o comportamento das pessoas, de uma sociedade, de um grupo específico (ética médica, por exemplo) ou do ser humano de maneira geral. As tradições religiosas têm, em suas tradições orais ou escritas, parâmetros desses valores e princípios.

Etnia – palavra grega que define "outra nação", "diferente"; grupo humano que se caracteriza por ter a mesma origem cultural, geográfica, histórica ou étnica, que o distingue de outros grupos.

Folclore – palavra de origem germânica que significa "sabedoria do povo", "educação popular". Refere-se a várias formas populares de transmitir crenças, sentimentos, ensinamentos etc. Essas formas derivam de uma linguagem inconsciente cujas origens alcançam as primeiras experiências e sensações da consciência humana primordial. São elas: ritmo, movimento, som, cor, luz, música, fogo. Os mitos, as lendas e os contos fazem parte de elaborações dessas experiências que passaram a ser comunicadas pela tradição oral.

Historicidade – condição humana inerente à vida; viver no tempo e no espaço, isto é, na história. As tradições religiosas creem e ensinam que após a morte a pessoa vive em uma outra dimensão, fora do tempo histórico.

Ikebana – palavra japonesa que significa "dar vida" às flores, arrumando-as de modo artístico em conjunto com outros elementos (galhos secos, folhas, vasos). A confecção da *ikebana* é uma arte complexa. Geralmente, a cada posição da flor corresponde a representação de um membro da família ou dos antepassados.

Imagens rupestres – imagens que foram gravadas em rochas há milhares de anos e se conservam até hoje. Por meio de sua interpretação, os pesquisadores chegam a determinadas conclusões a respeito dos povos que as produziram.

Iniciação – ritos das tradições orais e escritas que marcam a passagem da infância para a idade adulta e tornam a pessoa plenamente participante dos direitos e deveres sociais e religiosos de seu grupo.

Islamismo – religião fundada pelo profeta Mohammad (Maomé), no início do século VII, na região da Arábia. A palavra *Islã*, em árabe, significa "submissão à vontade de Deus". Os seguidores dessa religião são chamados mulçumanos ou islamitas. *Allah* é a tradução da palavra "Deus" na língua árabe.

Judaísmo – tradição religiosa do povo de Israel, organizada quando os deportados do exílio da Babilônia reconstruíram o Templo de Jerusalém. A reorganização do culto ao deus bíblico Adonai e a fundação de sinagogas marcaram o início da tradição religiosa judaica, que perdura até agora.

Locais sagrados – locais de reunião e celebração de ritos e cultos: igreja, templo, mesquita, sinagoga, casa de reza, centro, terreiro e outros.

Luteranismo – Igrejas Cristãs que seguem a Reforma Protestante iniciada na Europa, no século XVI, por Martinho Lutero.

Mitologia – conhecimento dos mitos, que são histórias fantásticas cujos personagens são deuses, espíritos, elementos da natureza e seres humanos. Os mitos, usando uma linguagem simbólica, tentam responder às mais importantes perguntas humanas: a origem da vida e das coisas, o sentido e o destino da vida, o sentido da morte e do sofrimento e o que existe após a morte.

Oferendas – alimentos ofertados a Deus, aos deuses, aos espíritos ou aos antepassados, em cerimônias rituais das tradições religiosas. Em geral, as oferendas são depois compartilhadas e consumidas pelos participantes. É uma forma de simbolizar a convivência com o transcendente.

Pajé – palavra tupi-guarani que denomina líderes religiosos de nações indígenas do Brasil. Realizam as cerimônias religiosas, são mediadores entre os espíritos e a tribo, conhecem os segredos das plantas medicinais e os ritos de cura, protegem a aldeia da ação dos maus espíritos atraem bênção e proteção.

Prática religiosa – conduta referente à ética de vida e aos ritos e cerimônias de determinada tradição religiosa.

Rabino – palavra de origem hebraica que significa "nosso mestre". Título do líder religioso da comunidade judaica. O rabino instrui e orienta a comunidade judaica na doutrina e no seguimento das prescrições religiosas.

Reduções missionárias – vilas missionárias onde eram abrigados os índios, a salvo dos caçadores de escravos. Algumas deram origens a cidades, como São Paulo (SP).

Tradições religiosas africanas – tradições religiosas dos povos da África, em geral voltadas para o culto aos orixás e aos ancestrais.

Tradições religiosas afro-brasileiras – tradições religiosas africanas que se fundiram com outras matrizes religiosas do povo brasileiro, como as tradições indígenas e cristã.

Reverência – reconhecimento da dignidade e da grandeza de alguém e expressão desse sentimento em forma de gesto, atitude, palavra etc.

Rito – conjunto de gestos, palavras e símbolos invariáveis que constituem determinada cerimônia religiosa. Por exemplo, o rito do matrimônio. Termo usado também para definir um grupo cultural específico dentro de uma mesma tradição religiosa. Por exemplo: rito católico-romano, rito católico-armênio etc.

Sagrado – local, objeto, símbolo, doutrina, linguagem reservados para a comunicação com o transcendente ou a ele dedicados.

Seicho-no-Iê – expressão japonesa que significa "casa do crescimento". Grupo religioso de origem japonesa que prega a superação das doenças e do mal por meio de uma vida saudável, da conduta reta e da harmonia interior. Incentiva a unidade de todas as tradições religiosas.

Símbolo – algo que representa e faz lembrar um sentimento ou ideia (como o coração lembra amor; água, possibilidade da vida). Os símbolos religiosos representam as crenças e os ensinamentos de cada tradição religiosa. Por exemplo: a luz que lembra a existência e a presença de Deus ou o círculo que lembra a imortalidade.

Sinagoga – palavra de origem grega que significa "reunião". São os locais onde se centralizam a vida e tradição religiosa das comunidades judaicas. Nela estão guardados os rolos da Torá, que são lidos, meditados e estudados. O culto principal, de oração e leitura da Torá e de outros escritos sagrados, realiza-se aos sábados.

Templo – construções que caracterizaram os lugares sagrados das primeiras civilizações e dos povos antigos. Em geral, foram imponentes e sólidas, e muitas de suas ruínas existem até hoje. A palavra atualmente é usada com mais frequência em relação ao templo judaico de Jerusalém, que foi destruído pelos romanos no ano 70 d.C. Seus muros são lugar de veneração até hoje. É ainda aplicada a lugares atuais de reunião de grupos religiosos.

Terreiro – centro da aldeia, local onde se desenrola a vida social e religiosa das sociedades tribais. O nome foi preservado para definir a função dos centros religiosos afro-brasileiros.

Tradição oral – crenças e ensinamentos de um povo que são comunicados de uma geração a outra por meio de mitos, histórias, sagas e lendas e formam a cultura e a identidade desse povo. São as formas mais antigas de comunicação religiosa e existem em muitas regiões do mundo.

Tradição religiosa – termo usado atualmente para designar determinado grupo religioso ou conjunto de doutrina, ética e culto de uma tradição religiosa. Por exemplo: tradição religiosa islâmica, tradição religiosa budista etc.

Tradições religiosas indígenas – indica especificamente a tradição das aldeias indígenas do Brasil; conjunto de tradições, costumes e ritos que não possuem escritos sagrados e mantêm sua identidade pela tradição oral.

Transcendente – algo que transcende, que está além das realidades deste mundo. A palavra "transcendente", de modo geral, é usada em relação a mistérios e crenças religiosas, isto é, à existência de seres e realidades que a capacidade humana não consegue apreender plenamente e são expressas por meio da linguagem simbólica.

Sumário

Boas-vindas à comunicação da sabedoria... 5

UNIDADE 1 – Seres históricos se comunicam

1.1. O diário de bordo... 8

1.2. As rochas da serra 11

1.3. A praça da igreja 14

1.4. O país dos artistas 17

UNIDADE 2 – Somos um povo religioso

2.1. O horizonte do mar 22

2.2. O caso da carta 25

2.3. A história perdida 28

2.4. O diálogo ao entardecer 31

UNIDADE 3 – Comunicamos nossas crenças e valores

3.1. O santuário da floresta... 36

3.2. O aroma de pão quente.. 39

3.3. A bênção de cada dia 42

3.4. O segredo de um dia de chuva 44

UNIDADE 4 – Construímos nossa história

4.1. O Brasil em uma sala.. 48

4.2. A procura do irmão 51

4.3. A festa das surpresas 53

4.4. Uma mesa no terreiro.. 56

Glossário 59

Impresso na gráfica da
Pia Sociedade Filhas de São Paulo
Via Raposo Tavares, km 19,145
05577-300 - São Paulo, SP - Brasil - 2018